乘車時要有禮

U0111512

新雅文化事業有限公司
www.sunya.com.hk

小跳豆
幼兒禮貌故事系列
跟着跳跳豆和糖糖豆養成良好禮儀！

在幼兒的成長關鍵期，父母不僅要關注他們的腦力發展，更要讓他們養成有禮好習慣。但是，爸爸媽媽如何在愛護孩子的同時，避免養成「小王子」和「小公主」呢？

《小跳豆幼兒禮貌故事系列》共 6 冊，透過跳跳豆和糖糖豆的日常生活經歷，帶領孩子在不同場合中，包括：**在學校時、吃飯時、客人來了時、乘車時、在公園時和在圖書館時**，學習保持有禮的態度和適當的行為處事方法，讓孩子從小建立良好的品格。除了言教之外，更重要的是，父母要以身作則，為孩子樹立有禮貌的好榜樣。早上見到孩子應先說「早晨」；讓孩子取東西時，要說「請」、「謝謝」；做得不對時，要說「對不起」……這樣久而久之，孩子就會自自然然養成有禮貌的好習慣。

書後設有「親子小遊戲」，加強孩子的禮貌常識，培養他們正確的待人處事態度。「有禮評分區」讓孩子給自己的日常表現評評分，鼓勵他們自我反思，促進個人成長。

讓親子閱讀更有趣！

　　本系列屬「新雅點讀樂園」產品之一，若配備新雅點讀筆，爸媽和孩子可以使用全書的點讀和錄音功能，聆聽粵語朗讀故事、粵語講故事和普通話朗讀故事，亦能點選圖中的角色，聆聽對白，生動地演繹出每個故事，讓孩子隨着聲音，進入豐富多彩的故事世界，而且更可錄下爸媽和孩子的聲音來說故事，增添親子閱讀的趣味！

　　「新雅點讀樂園」產品包括語文學習類、親子故事和知識類等圖書，種類豐富，旨在透過聲音和互動功能帶動孩子學習，提升他們的學習動機與趣味！

想了解更多新雅的點讀產品，請瀏覽新雅網頁(www.sunya.com.hk)或掃描右邊的QR code進入 。

如何使用新雅點讀筆閱讀故事？

1. 下載本故事系列的點讀筆檔案

1. 瀏覽新雅網頁(www.sunya.com.hk) 或掃描右邊的QR code 進入 新雅•點讀樂園 。

2. 點選 下載點讀筆檔案 ▶ 。

3. 依照下載區的步驟說明，點選及下載《小跳豆幼兒禮貌故事系列》的點讀筆檔案至電腦，並複製至新雅點讀筆的「BOOKS」資料夾內。

2. 啟動點讀功能

開啟點讀筆後，請點選封面右上角的 新雅•點讀樂園 圖示，然後便可翻開書本，點選書本上的故事文字或圖畫，點讀筆便會播放相應的內容。

3. 選擇語言

如想切換播放語言，請點選內頁右上角的 粵☆普 圖示，當再次點選內頁時，點讀筆便會使用所選的語言播放點選的內容。

4.播放整個故事

如想播放整個故事，請直接點選以下圖示：

5.製作獨一無二的點讀故事書

爸媽和孩子可以各自點選以下圖示，錄下自己的聲音來說故事！

１ 先點選圖示上 爸媽錄音 或 孩子錄音 的位置，再點 OK，便可錄音。

２ 完成錄音後，請再次點選 OK，停止錄音。

３ 最後點選 ▶ 的位置，便可播放錄音了！

４ 如想再次錄音，請重複以上步驟。注意每次只保留最後一次的錄音。

爸媽請使用
這個圖示錄音

孩子請使用
這個圖示錄音

跳跳豆是一個小車迷，
每次坐巴士的時候，
他一定會選窗邊的位置，
那就可以看見馬路上的汽車了。

今天，
跳跳豆帶着他心愛的玩具車上街，
他和媽媽一起去參觀
交通工具展覽，
跳跳豆覺得很興奮！

巴士到站了，
跳跳豆剛上車，便看到有一個
窗邊的座位，他邊跑邊叫：
「媽媽，這裏有座位，快點！」
說着，跳跳豆用力推開其他乘客，
衝上前搶先坐到那個座位上。

媽媽在跳跳豆旁邊坐下來，對他說：
「跳跳豆，你剛才這樣推開其他乘客
搶座位是不對的。」
但是跳跳豆正專心地觀看
街道上的景物，
沒有理會媽媽。

接着，跳跳豆拿出他的玩具車，
放在玻璃窗上推來推去，
模仿車子在路上行走的情景。
可是，手中的玩具車卻
不小心碰到前座乘客的腦袋。

坐在前面的蘋果阿姨轉過頭來，說：
「小朋友，你的玩具車碰到我了。」
跳跳豆知道自己不對，低聲地說：
「對不起。」
他連忙收起玩具車。

過了一會兒，
跳跳豆覺得有點悶，
就一下一下地踢着前面的座位。
蘋果阿姨又轉過頭來，
有點生氣地說：
「小朋友，你這樣做是不禮貌的。」
於是，跳跳豆乖乖地坐好。

到了展覽會場，
那裏展出了各式各樣的
交通工具模型。
當跳跳豆聽到廣播説有一個
「交通禮貌大使」問答比賽時，
他連忙推開其他小朋友
擠過去參加。

跳跳豆答對了所有題目，
可是最後的勝出者卻不是他，
跳跳豆覺得很不服氣。

媽媽告訴他：
「你知道嗎？
剛才你推開其他小朋友擠過去，
不舉手就搶答，這些沒禮貌的行為，
都被扣掉了分數呀。」

回家的時候，
跳跳豆和媽媽乘搭港鐵。
跳跳豆看到一個小朋友圍着車廂內的
扶手轉圈，覺得很好玩。
但他一想起剛才在展覽會上
學過的乘客守則，
知道這樣會騷擾到其他乘客，
就乖乖地坐在座位上。

25

到了下一站，
跳跳豆看到一個婆婆
走進車廂，
就立即站起來讓座，說：
「婆婆，這裏有座位，
請您坐吧！」

婆婆高興地對跳跳豆說：
「謝謝你，真是個有禮貌的
好孩子！」
媽媽也笑着說：
「跳跳豆，你懂得禮讓，
是個真正的交通禮貌大使了！」

親子小遊戲

圖中的跳跳豆做得對不對？做得對的話，請你在 ☐ 內加 ✔。

A.

排隊上巴士 ☐

B.

在車廂裏爭先恐後 ☐

C.

讓座給有需要的人 ☐

D.

騷擾其他乘客 ☐

答案：A、C

有禮評分區

小朋友，你能做一個有禮貌的小乘客嗎？做得到的話，請你把👍填上顏色。然後跟爸爸媽媽說一說，你獲得多少個👍。

讓座予有需要的人士。

站在車廂裏不阻塞通道的位置。

坐在座位上，不亂跑。

保持安靜，不喧嘩。

保持座位清潔，不把腳放到椅子上。

保持車廂清潔，不在車上飲食。

小跳豆幼兒禮貌故事系列

乘車時要有禮

原著：楊幼欣

改編：新雅編輯室

繪圖：郝敏棋

責任編輯：趙慧雅

美術設計：鄭雅玲

出版：新雅文化事業有限公司

香港英皇道499號北角工業大廈18樓

電話：(852) 2138 7998

傳真：(852) 2597 4003

網址：http://www.sunya.com.hk

電郵：marketing@sunya.com.hk

發行：香港聯合書刊物流有限公司

香港荃灣德士古道220-248號荃灣工業中心16樓

電話：(852) 2150 2100

傳真：(852) 2407 3062

電郵：info@suplogistics.com.hk

印刷：中華商務彩色印刷有限公司

香港新界大埔汀麗路36號

版次：二〇二一年五月初版